BIBLIOTHÈQUE SPORTIVE

OSWALD HEFTY

DIEPPE MIDDELBURG BRUXELLES

8 Jours à Bicyclette

PRÉFACE DE DAVIN DE CHAMPCLOS

Illustrations de T[illegible]

PARIS
[illegible]BRAIRIE SPORTIVE DE L'AGENCE GÉNÉ[illegible] [illegible]S SPORTS, 188, BOULEV[illegible]
[illegible]

BIBLIOTHÈQUE SPORTIVE

OSWALD HEFTY

DIEPPE MIDDELBURG BRUXELLES

8 Jours à Bicyclette

PRÉFACE DE DAVIN DE CHAMPCLOS

ILLUSTRATIONS DE TICHON

PARIS
LIBRAIRIE SPORTIVE DE L'AGENCE GÉNÉRALE DES SPORTS
188, Boulevard Pereire, 188

1894

A Monsieur BOUCHER-CADART

Président à la Cour d'Appel de Paris

Président du Conseil Général du Pas-de-Calais

Ancien Sénateur

Souvenir d'un séjour à La Barque

Il a été tiré de cet ouvrage 15 exemplaires sur papier japon, numérotés de 1 à 15.

PRÉFACE

Au temps lointain déjà — ô mes cheveux raréfiés et mes illusions défuntes ! — où Hefty et moi, nous usions de compagnie, sur les bancs du lycée de Versailles, le fond de nos culottes et la patience de nos pions, l'auteur de ce livre jouissait déjà d'une réputation non usurpée d'intrépide voyageur.

Je le vois encore arpentant, aux brèves heures de récréation, les cours plantées d'arbres anémiques, faisant sonner sous ses infatigables talons les dalles des préaux que balayaient, en hiver, de grands souffles aigres. A treize ans de distance, sa silhouette m'apparait nettement, agile et mince, avec deux bras qui battaient l'air, à la cadence d'un pas fiévreux.

Quand, les jours de promenade, nous franchissions, ivres d'une illusion de liberté, le portail universitaire; quand parmi les ifs guindés et les solennels massifs du parc, où des nymphes de bronze pleuraient d'ennui dans des vasques de marbre, on nous lâchait, avec l'expresse recommandation de ne pas nous éloigner de plus de cent mètres — la zône de surveillance du cuistre qui nous menait aux champs — Hefty le touriste disparaissait pour des heures au détour du premier sentier.

Et, au retour de ces excursions mystérieuses, il nous narrait des aventures dont nous restions bouche bée. Avec des airs d'Apache prisonnier, il prenait sa place dans les rangs monotones qui remettaient le cap sur le Mazas scolaire et, le soir, durant les lamentables heures d'étude, il suivait, la pensée évidemment ailleurs, les rondes bourdonnantes des moucherons qui dansaient dans la lueur crue des becs de gaz.

D'aucuns prétendaient bien que les fugues du camarade n'avaient d'autre but que l'absorption d'un vermouth interdit ou d'une cigarette furtive dans le cabaret prochain, mais, pour la masse, l'aventureux garçon restait le hardi explorateur, l'incoercible amoureux d'air libre et de larges horizons, dont nous nous figurions, avec une sorte de respect craintif, les périlleuses équipées.

Et voilà que, l'autre jour, tous ces vieux souvenirs me sont remontés au cœur quand, à brûle-pourpoint, Hefty m'a demandé quelques mots de préface pour un recueil de notes de route qu'il voulait publier en plaquette.

Pendant l'ardente saison où, sous l'étincellement du ciel, les chemins, ourlés de fleurettes, sont si délicieux à parcourir, notre touriste a quitté Dieppe en bicyclette, mis le cap sur la Hollande et suivi, au hasard du guidon, un itinéraire imprécis dont les grandes lignes seules étaient nettement arrêtées.

C'est un résumé de ses impressions, un extrait de son carnet de route qu'il offre au public, aux milliers de sportsmen dont le tourisme vélocipédique constitue le rêve trop rarement réalisé.

On l'a dit et répété : le Français est casanier ; il se décide bien difficilement à sortir de chez lui, comme s'il craignait de ne pas retrouver ailleurs les enchantements du pays natal et le confortable du home.

Sous ce rapport — sous celui-là seulement — Hefty n'est pas Français. Il adore le vagabondage exquis, l'imprévu des paysages découverts au détour d'un bouquet d'arbres, la poésie pénétrante des horizons toujours nouveaux. Le railway lui semble un non-sens, presque une profanation de la nature et il déclare impuissants à fixer son attention les plus merveilleux panoramas devinés, dans la course furieuse d'un express, à travers les vitres d'un wagon.

La bicyclette, le canot, le yacht, voilà les seuls moyens de locomotion qu'il comprenne et qu'il pratique.

Touristes de France, combien êtes-vous à ressembler à ce touriste-là?

Ce petit livre est une bonne œuvre : il provoquera peut-être des conversions, secouera des apathies, entraînera sur la grande route les hardis voyageurs qui n'ont jamais dépassé les coteaux de Meudon ou les bouquins de Jules Verne. Il indiquera la voie à tous ceux qui font de la route et sont capables de traduire dans un style plus ou moins fleuri les impressions légères ou profondes qu'ils ont recueillies entre deux gîtes d'étape.

Quoi qu'il en soit, il m'aura fourni l'occasion de donner ici à un vieux camarade un témoignage de bien cordiale sympathie.

G. DAVIN DE CHAMICLOS.

15 Janvier 1894.

DIEPPE
MIDDELBURG
BRUXELLES

8 Jours à Bicyclette

Par cette chaleur excessive que depuis fort longtemps déjà nous supportions à Paris, je résolus d'aller pendant huit jours me rafraîchir à Dieppe et me livrer au plaisir du Yachting. J'emportai cependant ma bicyclette, car on ne savait pas, le vent pouvait être trop calme ou, au contraire, la mer trop mauvaise.

Le 12 août, gare Saint-Lazare, au train de 6 h. 1/2, beaucoup de monde, les jours de fête se faisaient sentir, aussi les trains furent-ils doublés pour l'exigence du service; malgré cela, nous fûmes complets dans notre compartiment et cela jusqu'au terme du voyage. Enfin! nous sortons de l'étuve, voici Dieppe où, grande déception, il me faut courir d'hôtel en hôtel pour trouver un lit; de guerre lasse, je pensai un moment à prendre le train pour Rouen afin d'y chercher un gîte. Dans un hôtel de bonne apparence, il y a une chambre, la dernière, me dit-on, je m'y rends, mais quelle chambre! au cinquième, sous les toits, une chambre mansardée, et le lit! quel lit! pas de sommier, pas de laine dans les matelas, ni même de varech (nous sommes pourtant au bord de la mer), mais de la paille à profusion ; fatigué je mendors.

Mon premier soin au réveil est de me mettre en quête d'une chambre plus convenable ; n'ayant pu nulle part trouver ce que je cherchais, je résolus de partir pour Boulogne-sur-Mer où, nouvelle déception, il me fallut recommencer la chasse à la chambre.

Etant là, aussi mal, plus mal même que la veille, mon parti fut vite pris de quitter le lendemain cette plage pour suivre à bicyclette le littoral de la mer en remontant vers la Belgique.

Ce fut donc le 14 août au matin que je quittai Boulogne en passant devant le fort de la Crèche ; la route, qui est assez bonne, suit le chemin de fer jusqu'à Wimereux, petit hameau et station balnéaire dépendant de la commune de Wimille.

Je fais un petit détour pour aller voir le monument des aéronautes Pilâtre de Rozier et Romain, qui est érigé à l'endroit même où, en 1785, ils tombèrent, victimes de leur amour pour la science.

Revenu à Wimereux, je retrouve ma route, qui, sur un pont en pierre, très rustique, traverse un petit ruisseau, le Wimereux, puis, la voici qui devient très plate et pénètre dans les dunes, où souvent elle est obstruée par le sable.

Les dunes sont formées par une suite de petites collines de sable, aussi, n'ont-elles aucune consistance réelle et se détruisent-elles presque aussi facilement qu'elles se forment.

On est parvenu à les fixer en partie au moyen d'une plante nommée l'hoyat qui ressemble beaucoup aux joncs. Quand, le vent très violent vient s'engager entre deux dunes élevées, il n'est pas rare de voir celles-ci être lancées en pluie de sable à une grande distance et s'avancer ainsi graduellement dans les terres.

Voici, perdue dans les dunes, Ambleteuse où la Slack vient se jeter dans la mer en formant un port naturel à l'entrée duquel se trouve un ancien fort, le fort Mahon, construit par Vauban.

A Audresselles, attiré par le beau spectacle qu'offre le littoral et la mer à cet endroit, je quitte la route et prends le sentier de douane, mais un peu plus loin le sentier s'est éboulé, aussi, suis-je obligé de descendre avec ma bicyclette de rocher en rocher! pour gagner le sable humide sur lequel je continue ma marche. Près du hameau d'Haringzelle je retrouve la route, qui, à partir de ce point, commence à monter jusqu'au cap Gris-Nez en passant par les hameaux de Wuringzelle et Framezelle.

Du cap Gris-Nez, quel coup d'œil! on se sent vivre devant cet Océan immense qui vient battre à vos pieds, à gauche, la Manche, à droite, la mer du Nord, en face, l'Angleterre; délicieux aussi l'air qu'on respire là haut? Quelle différence avec Paris!

Le cap Gris-Nez, autrefois Craig-Ness (cap des Rochers), a 50 mètres de haut et est le point le plus rapproché de l'Angleterre; ce cap tend à disparaître, rongé annuellement de 25 centimètres par le courant qui sort de la Manche se dirigeant vers la mer du Nord.

Je commençais à avoir faim, aussi avisant un gamin qui, perché sur le petit mur du sémaphore, regardait ma bicyclette, je lui demandai s'il n'y avait pas moyen de manger quelque chose.

« Oh oui, monsieur! me répondit-il, mon père est le gardien du sémaphore, il faudra venir voir ses machines et ma mère qui sait bien faire la cuisine vous donnera tout ce que vous voudrez à manger ».

L'idée d'un déjeuner au cap Gris-Nez, à l'extrémité de la pointe même, ce qui n'est pas très ordinaire, doubla mon appétit, aussi priai-je le gamin d'aller me faire préparer une omelette pour commencer, me réservant de demander le reste par la suite.

Pendant ce temps, avec mes jumelles, j'explore les côtes anglaises de Douvres à Folkestone ; puis, mon attention est attirée par un bateau anglais qui, il y a six semaines a sombré près du cap. La mer étant basse, quelques ouvriers travaillaient à bord, qui chargeaient tout ce qu'ils pouvaient trouver dans une chaloupe qui allait conduire les épaves et marchandises à bord d'une goëlette mouillée plus au large.

Un quart d'heure se passe et voyant revenir mon gamin, je me disposais à me diriger vers l'omelette si désirée lorsque le petit, tout en mâchonnant le bas de son tablier, me dit que sa mère ne pouvait me donner que du pain et du lait. — Désillusion complète! du lait! moi qui le déteste, pas même un œuf dans ce pays! aussi dévoré par la faim, je quitte à regret ce charmant mais peu hospitalier endroit pour gagner Cardinghem, pauvre village perdu dans les dunes; puis Wissant, petite plage de sable à l'embouchure du ruisseau d'Herlen (1).

D'après Ducange, Wissant, jusqu'au milieu du XIVe sciècle aurait été un port des plus considérables de l'Océan, d'où l'on s'embarquait pour l'An-

---

(1) Ce nom doit lui venir du village d'Herlen, depuis fort longtemps englouti par la mer.

gleterre ; Wissant serait le Portus-Icius de Jules César.

Ayant mis ma bicyclette au seul hôtel du pays, je vais prendre un bain de mer, puis retourne à l'hôtel déjeuner à la table d'hôte, où il y a, ma foi, beaucoup de monde. Après un bon déjeuner, sans me presser, car il fait extrêmement chaud, je continue mon itinéraire par la route toute plate et plus ensablée que jamais traversant Strouanne, Escalles, Peuplingue, Sangatte, puis Calais.

Je descends à *l'hôtel Meurice* où enfin j'ai une chambre convenable. Après une visite en ville, à l'hôtel de Guise, à la tour du Guet et à l'hôtel de ville, je vais faire une promenade à la plage et au casino (?) toujours en construction.

Mardi 15 août. — Par la route de Marck et Oye, je gagne Gravelines que je contourne en suivant la première enceinte fortifiée, afin d'éviter le pavé de la ville. Un peu plus loin je rencontre des cyclistes, l'un d'eux demeurant à Dunkerque et devant y rentrer de suite, me propose de m'accompagner, ce que j'accepte avec plaisir, car, pensais-je, ce compagnon doit connaître le pays et nous fera certainement éviter cet affreux pavé si fréquent dans le Nord. Mal m'a pris d'avoir un tel guide, car non seulement il ne marchait pas, mais encore il me fit suivre tout le temps la grande route qui est pavée jusqu'à Dunkerque avec de mauvais accotements. Nous traversons Loon-Plage, Grande-Synthe, où nous tombons en pleine procession. Petite-Synthe, puis Dunkerque où je prends congé de mon guide qui me répète qu'il habite Dunkerque, mais qu'il n'y demeure que depuis trois jours ; je comprends maintenant la route pavée !

Après être passé devant la statue de Jean-Bart et avoir pris mon courrier à la poste, je franchis les fortifications pour sortir de Dunkerque et voici Malo-les-Bains.

Ah ! mais, quel drôle de village, on dirait un décor d'opéra-comique, toutes les maisons sont en bois construites sur le sable même; on doit certainement les démonter en hiver, en vue des mauvaises marées.

A l'*hôtel du Kurshall* je dépose ma bicyclette, puis après un excellent bain de mer et un déjeuner médiocre, mais cher, je quitte Malo-les-Bains, me dirigeant vers la frontière belge.

Jusqu'à Rosendaël la route est pavée, et aboutit au canal de Dunkerque à Furnes que je devais suivre parallèlement jusqu'à cette dernière ville. Je traverse le territoire de la commune de Leffrinckouke où se trouve le dernier fort français, le fort des Dunes, puis Zuydcoote où j'eus le spectacle d'une procession suivie d'une multitude de femmes, toutes pieds nus, qui, avec leurs jupons de laine rouge, faisaient un effet bizarre.

Voici un poteau tricolore, une caserne, c'est celles des douaniers, ici il faut m'arrêter afin de me munir d'un passavant pour ma bicyclette, mais, c'est le 15 août, un jour de fête ! L'après-midi le bureau est fermé ! Après bien des explications, le brigadier me conseille d'aller au bureau de douane à la gare de Ghyvelde où j'aurais peut-être la chance de me faire délivrer un passavant.

Me voici donc parti en quête de la gare et, après m'être adressé à plusieurs personnes, c'est avec peine que je constate qu'aucune ne parlait français ; tout le monde depuis Dunkerque parle flamand.

Enfin je trouve la gare, voici la douane, je

m'explique avec les douaniers ; le bureau est fermé, le chef est absent, il est à la plage et ne doit être de retour que vers cinq heures pour le passage d'un train. Ayant donc une bonne heure à perdre, faisant contre mauvaise fortune, bon cœur, je laisse ma bicyclette au bureau de la douane et me dirige vers la plage.

Pour m'y rendre, il me faut traverser la voie du chemin de fer puis suivre pendant 1,500 mètres un large chemin de sable indiqué, de chaque côté, par de pauvres arbres présentant au soleil quelques maigres branches dépourvues de tout feuillage.

Marcher dans ce chemin n'est pas commode, j'enfonce dans le sable qui pénètre partout aussi, imitant les habitants du pays, je retire bas et chaussures, et sur le sable brûlant je gagne la plage, celle-ci qui se compose de 4 maisons entourées de monticules de sable, est la dernière plage française.

L'heure avançant, je me dirige vers la douane où, le chef étant de retour, me donne un passavant qui constate les numéros, poids, marque de ma bicyclette; il me coûte 5 centimes.

Muni de cette pièce, je retourne au bureau de douane situé sur la route, où un visa apposé au verso du passavant constate ma sortie de France, car il n'est valable au retour, qu'autant qu'il a été visé à la sortie. Je quitte la douane française et 800 mètres plus loin, quelques pavés franchis, m'indiquent que j'ai quitté la Patrie !

Maintenant c'est sur le sol belge que je roule, la route continue de même, je traverse Adinkerke, première ville belge, où je cherche la douane ; toujours la même comédie, le 15 août ! le bureau de la ville est fermé ! Je suis obligé de me rendre à la gare; le chef est absent, après quelques recherches je le trouve dans un café et nous revenons ensemble à son bureau.

Le préposé belge, estimant ma bicyclette 400 fr., me fit verser 10 0/0 de la valeur, soit 40 francs, plus 25 francs *d'amende éventuelle*, soit 65 francs, en retour desquels on plombe ma machine et je reçois deux feuilles, une de 17 centimètres sur 45 ! qui contient le signalement de la machine et la somme versée ; l'autre est un reçu de taille raisonnable.

— Pourquoi tant de papier, dis-je à l'employé des douanes ?

— Monsieur, c'est la consigne, me répondit-il, et si vous veniez à perdre l'une de ces deux feuilles, on vous retiendrait les 25 francs d'amende éventuelle.

Voici qui ne me rassure pas du tout, car le papier, en outre de son format démesuré est très épais ; enfin, trop heureux d'en avoir terminé avec ces formalités de douane, je rejoins de nouveau le canal et quelques instants après j'étais à Furnes.

Cette coquette petite ville présente une particularité curieuse : à toutes les fenêtres des maisons sont placés des miroirs appelés « espions» et l'effet en est bizarre ; je traverse la grande place vraiment remarquable avec son Hôtel de Ville datant du XVIe siècle et son beffroi, le traditionnel beffroi, qui sonnait 6 h. 1/2 ; à mon grand regret, il était trop tard pour m'arrêter davantage et je me mets en route pour Nieuport où je fais mon entrée à 7 h. 1/4.

Guidé par le hasard, j'ai la bonne chance de tomber sur le meilleur hôtel de la ville, l'*hôtel de la ville de Liège*. A table, j'ai le plaisir de me rencontrer avec deux familles françaises, des Roubaisiens, qui tous les ans viennent passer les vacances en terre belge et la soirée s'écoule très agréablement.

Mercredi 16 août. — Premier repas : Café avec biscottes, pain d'épice, beurre, le tout à discrétion ; je dis cela car tout à l'heure je donnerai le total de mes dépenses. Après ce premier déjeuner, je vais visiter la ville, accompagné du fils d'un des baigneurs français qui me sert de guide en même temps que d'interprète, car dans toute cette partie de la Belgique on ne parle que flamand.

Nieuport date du XIVe siècle et conserve encore le caractère de l'époque ; voici d'abord l'église autour de laquelle se trouve quantité de pierres tombales ; à côté un ancien couvent espagnol qui tombe en ruine ainsi que sa chapelle près de laquelle, quelques canons anciens, espagnols ! dit-on, se trouvent ensevelis ne montrant que leurs gueules remplies de terre dans laquelle poussent des herbes folles. — Grandeur et décadence !

Un peu plus loin, c'est l'ancienne halle aux draps et le beffroi, puis, nous dirigeant vers l'Yser, nous rencontrons un immense bassin circulaire dans lequel viennent déboucher, par de nombreuses écluses, l'Yser, le canal de Furnes et le canal d'Ostende ; toutes ces écluses, jointes à toutes ces chutes d'eau produisent un très bel effet.

Voici le tram (tramway à vapeur, dirions-nous à Paris) ; pour quelques centimes nous le prenons et il nous conduit en longeant l'embouchure de l'Yser jusqu'à Nieuport-plage qui se compose de plusieurs villas et hôtels bâtis sur les dunes.

En attendant l'heure du bain, nous contemplons

sur la grève une baleine qui, la veille, est venue s'échouer sur le sable contre l'estacade; ce cétacé mesure 5^{m}50. Après le bain nous retournons à l'hôtel, le déjeuner est prêt et quel déjeuner! — Hors-d'œuvre, deux plats de viande, deux plats de légumes, poissons, salade, fruits, café et bière à discrétion.

L'heure du départ approchant, je solde l'hôtelière qui me demande 3 fr. 50; pensant avoir mal compris, je me fais répéter le prix qui est bien 3 fr. 50 pour trois repas et coucher. Voilà un hôtel qui est digne d'être recommandé aux touristes, d'autant mieux que la demoiselle de la maison parle français, ce qui est rare dans le pays.

Vers trois heures je quitte Nieuport pour suivre la route pavée et quel pavé! c'est épouvantable! Il n'y a pas à se dire qu'on va faire un détour pour éviter le supplice, car d'abord les routes sont beaucoup moins nombreuses qu'en France et toutes sont pavées; quant aux bas côtés, quand il y en a, ils sont remplis d'une poussière sablonneuse dans laquelle il est impossible de rouler. Il est vrai qu'à titre de compensation, vous avez parallèlement à presque toutes les grandes routes que j'ai suivies, un tram à vapeur, ce qui, en cas d'accident, ne laisse pas que d'être précieux.

Je roule donc sur cet affreux pavé traversant Lombartzyde, Westende, deux villages qui n'offrent aucun intérêt; puis voici Middelkerke où je gagne les bords de la mer pour venir admirer les ravissantes petites villas, en pur style flamand, qui sont bâties le long de la digue. Reprenant ma route, je traverse le petit village et station balnéaire de Mariakerke. Un quart d'heure après je suis à Ostende.

M'étant renseigné sur la demeure de M. W...,

Kursaal et plage d'Ostende

marchand de vélocipèdes, j'allai tout d'abord lui rendre visite afin qu'il ait l'obligeance de me renseigner sur la ville et sur les hôtels. Ce monsieur eut la gracieuseté de me donner tous les renseignements désirables et de me présenter à un de ses amis, M. de V..., très fervent cycliste qui se mit à ma disposition pour me piloter dans Ostende, que, pour gagner du temps, nous visitons à bicyclette.

Ostende est le seul port commercial belge qui soit situé sur la mer ; cette ville a soutenu pendant 3 ans, de 1601 à 1604 un siège mémorable contre les Espagnols ! — Actuellement, à part l'Hôtel de Ville, elle ne renferme guère de monuments anciens, nous dirigeant du côté de la porte de Bruges, nous allons visiter les parcs aux huîtres, où nous dégustons quelques-uns des fameux mollusques ostendais.

Nous regagnons la ville par le parc Léopold, de création récente, qui nous conduit en face du champ de courses, puis passant devant le fort Wellington, construit par Napoléon Ier, nous arrivons à la digue, la célèbre digue d'Ostende qui n'a pas son égale.

Cette digue, construite avec de gros blocs de pierre, est élevée de 5 à 6 mètres au-dessus du niveau de la mer et mesure 3 kilomètres 1/2 de longueur sur 15 mètres de large (30 mètres en ville) ; le roulement à bicyclette y est excellent, car sur toute sa longueur, elle est dallée. Nous passons devant la maison du roi Léopold, puis voici, rivalisant de coquetterie, de nombreuses villas dans le beau style flamand, des restaurants, des cafés, enfin des hôtels plus luxueux les uns que les autres, où l'on paie au premier, une chambre sur la mer, 25 à 30 francs.....

Nous ne pouvons rouler plus avant sur la digue le règlement n'y autorisant que le matin la circulation des vélos, c'est donc dans le lointain que j'aperçois le Kursaal et par des rues parallèles, nous allons retrouver la digue à son extrémité près des bassins.

Nous dînons à la terrasse de l'hôtel de Londres où, contrairement à ce que je pensais, je ne suis pas écorché. Un dernier tour à bicyclette sur l'estacade ouest nous conduit à l'extrémité de la jetée qui a 625 mètres de long.

Ayant été remiser nos machines, nous commençons une promenade à pied à travers la ville et naturellement nous revenons à la digue qui m'attire.

La mer bat son plein, la nuit est complète ; je suis fasciné par le bruit des vagues qui viennent se briser tout près de nous et par toutes ces lumières qui, des fenêtres des villas, des terrasses des cafés et des boutiques viennent se refléter et se perdre dans le noir de la mer.

Les boutiques sont en petit nombre, mais quelles boutiques ! Ce ne sont que bijoutiers, modistes, couturières ! Enfin voici le Kursaal, de création récente, qui est éblouissant de clarté ; vu mon costume cycliste, nous ne pouvons malheureusement y pénétrer, car le smoking est de rigueur.

Nous nous contentons donc de regarder avec des yeux d'envie, les bienheureux, les élus « les ceusses qu'ont de belles frusques » qui, accompagnés de nombreuses élégantes, peuvent franchir les portes de cet endroit enchanteur.

Quittant la digue, voici d'abord le grand café de Vienne où, coïncidence heureuse, les tziganes jouaient, au moment de notre entrée, un pot-pourri d'airs français ; un peu plus loin, à l'Eden, nous entendons quelques chansons, puis voici un concert genre Bruant, qui est très goûté du public, surtout des petites femmes !

Revenant sur nos pas, nous nous reposons à la terrasse de l'Eden, où nous causons avec une Française, une femme à barbe qui est attachée à cet établissement et qui est très fière de nous dire qu'elle est engagée cet hiver à Paris ; à l'entendre, personne ne connaît les théâtres et les concerts de Paris comme elle ; « nous autres artistes » est sa phrase favorite, elle se serait volontiers égalée à Sarah Bernhardt.

Jeudi 17 août. — De bonne heure je quitte l'hôtel et me voici roulant sur la digue jusqu'à Mariakerke où, en vue de la mer je prends mon premier repas.

Pour rentrer à Ostende, la mer étant basse, je roule à bicyclette sur le sable, croisant souvent des cavaliers, des amazones, qui font marcher leur monture dans la mer, alors que plusieurs cyclistes hommes et dames, s'amusent comme moi, à longer sur le sable le flot montant qui parfois vient battre contre les pneumatiques. Voici d'autres cavaliers qui, eux, vont plus loin en mer : ce sont des pêcheurs de crevettes qui, montés sur de pauvres rossinantes, leur font traîner des filets.

En face du Kursaal, sur un brise-lames, je reste assis longtemps à regarder les joueurs de lawn-tennis, de cricket ; près de moi des enfants, jambes nues, s'amusent à creuser dans le sable des bassins, des ports avec de longs canaux pour y faire naviguer tout à l'heure au flot, des bateaux liliputiens ; d'autres construisent des fortifications sur lesquelles flottent des drapeaux ; ce ne sont que pavillons belges, anglais, allemands !

La France n'était pas représentée dans ces jeux

enfantins, j'en étais désolé, lorsque je vis arriver une bonne, accompagnant une fillette, l'air éveillé, qui avec son bambin de frère se mirent à construire, près de ma bicyclette, un petit fort, sur lequel, joyeusement, elle planta un drapeau français.

J'allai vers les enfants, et nous fûmes de suite bons amis ; le grand frère voulut monter sur le vélocipède de son compatriote, ensuite, la fillette me demanda si gentiment de l'aider,

Mettant la main à la pâte...

que, mettant la main à la pâte, nous avons fait un superbe fort tapissé extérieurement de verdure avec des herbes marines ; puis avec des coquillages, des morceaux de bois, nous avons construit des portes, un pont-levis, des canons. Dans notre idée, ces canons devaient bombarder le fort voisin qui se trouvait être un fort allemand et de fait, nous avons été victorieux car, la mer montant, effondra tous les ouvrages de l'ennemi en emportant le pavillon allemand, à la grande joie de mes petits amis qui battaient des mains ! Et voilà comment grâce à des petits Français, j'ai fait à Ostende des pâtés dans le sable !

Après le bain de mer, je retournai chez M. de V..., qui eut la gracieuseté de me faire la conduite pendant une quinzaine de kilomètres,

En sortant d'Ostende, nous longeons sur la rive droite le canal de Bruges, que nous quittons à Molendorp pour suivre une route bordée de quatre rangs de beaux arbres ; mais la route est pavée ! et toujours du mauvais pavé ! Puis nous arrivons à Vyfwège, où nous déjeunons dans une auberge qui se trouve sur le bord de la route. Le repas terminé, je quitte bien à regret mon aimable guide, qui retourne à Ostende alors que je continue vers la Hollande.

J'arrive à Strooienhaan, puis la route que j'ai suivie jusqu'ici allant à Bruges, je la quitte pour en suivre une plus petite, ferrée, qui se dirige vers la plage de Wenduyne ; au bout d'un kilomètre, tournant à droite, je passe à Zuyenkerke, puis enfin à Dudzeele, après avoir traversé la route de Blankenberghe, la plage rivale d'Ostende.

Voici maintenant deux canaux parallèles : le canal de dérivation de la Lys et le canal Léopold, que je traverse sur un pont tournant en bois ; une demi-heure après, j'arrive à Westcappelle, la dernière ville belge.

Un kilomètre après la sortie de ce village, à un croisement de route, un poteau indicateur m'indique que je me dirige vers Sluis (Néederland) ; j'ai peur de m'être trompé, car la première ville hollandaise que je dois traverser est l'Ecluse. Je sors ma carte, et, après l'avoir lue, je constate avec plaisir que je suis dans le bon chemin en longeant la ligne du tram. — L'Ecluse, me dit la carte. — Sluis, me dit le poteau indicateur. — Lequel croire? Voyant que deux kilomètres plus loin il y a une station du tram, je m'y rends afin de demander à un employé quelques explications à ce sujet.

Quelques minutes après, j'arrive à la gare; apercevant la douane, j'oublie Sluis et l'Ecluse pour entrer dans le bureau de douane, où je présente mes papiers au chef, qui, après les avoir lus, relus, m'avoir questionné, finit au bout de dix minutes par me dire :

— C'est très bien ; mais je ne peux pas vous payer.

— Comment! m'écriai-je, vous acceptez de l'argent à l'entrée de votre pays et vous ne pouvez le rendre à la sortie! Il est porté sur cette feuille que, présentant l'objet en règle, le voyageur doit être remboursé ; le voyageur, c'est moi ; la machine, la voici, elle est en règle : voici son plomb, voici le reçu ; donc je réclame mon dû.

Impassible, le chef me dit :

— Oui ! c'est très bien, mais je ne puis rien faire ; allez donc jusqu'au bureau de douane de Houcke, qui se trouve sur le canal, vous verrez le chef.

La confiance me revenait ; après avoir roulé pendant vingt minutes dans des petits chemins de terre assez bons, j'arrive au canal de Bruges, où je trouve de suite le bureau de la douane ; deux minutes après, je sortais remboursé.

La route paraissant assez bonne le long du canal, je me mets à la suivre ; un kilomètre plus loin, ce n'était plus cela, ah mais du tout! ce n'était que des ornières! Je me disposais à revenir sur mes pas, pour gagner la route du tram, lorsqu'un vapeur vint à passer...

D'instinct je le hèle. Du bord, dans un mauvais

français, on me propose de monter; j'accepte avec plaisir, ne sachant réellement pas comment se fera l'embarquement. Le capitaine fait stopper, et, d'un coup de barre à tribord, le bateau vient accoster le long de la berge; m'approchant de l'eau le plus que je peux, j'élève le plus haut possible ma bicyclette, qui est saisie par deux hommes qui la hissent sur le pont, alors qu'avec l'aide d'une forte gaffe j'embarque moi-même.

J'élève le plus haut possible ma bicyclette...

Sur ces bateaux, cela se passe tout à fait en famille, car plus loin la même manœuvre eut lieu, pour remettre cette fois une lettre à un riverain; le trajet sur le canal ne fut pas long : un quart d'heure après, nous arrivions à Sluis, en français l'Ecluse. Le poteau indicateur comme la carte avaient donc raison.

Ma première visite fut pour la douane hollandaise, où le chef, très aimable, me fit dire par un interprète que j'étais libre d'entrer avec ma machine dans son pays ; que je n'avais aucun droit à payer, et qu'il était trop heureux d'y voir venir un Français. C'était de bon augure.

L'Ecluse se trouvait jadis au bord de la mer, témoins ses anciens quais et les batailles navales qu'en 1213 et 1340 nous livrâmes aux flottes anglaises.

De la douane, en suivant les quais, je me rends à l'*hôtel de Korenbeurs*, où on parle français, pour y faire l'échange de mon argent contre des florins, cents, etc., monnaie bien ennuyeuse par ses nombreuses subdivisions.

Je quitte Sluis en longeant les fortifications du Zwin, puis traverse Zuidzande et Nieuwvliet, deux pauvres villages perdus dans les polders.

Les polders sont de vastes enclos de terrains naturellement bâs, de tourbières exploitées ou d'anciens marais conquis aujourd'hui à l'agriculture.

Ce qu'il y a de parfait en Hollande, ce sont les routes ; elles sont extraordinaires, — de vraies pistes ; presque toutes sont dallées avec des briques sur champ, « klinkers », ce qui donne un roulement excellent, d'autant mieux qu'elles sont en général en très bon état, les gros charrois (1) y étant rares et les côtes inconnues. A l'entrée des villages, les routes sont fermées par des barrières blanches, afin d'obliger les rares voitures de promeneurs à payer quelques cents pour traverser le village ; cet argent est le denier de la route.

Comme voiture, ce qui domine en Hollande et

(1) Les lourds transports se font par les canaux.

en Belgique, ce sont les attelages de chiens, « hondenkaar » ; j'en ai vu quelques-uns qui traînaient jusqu'à trois personnes, et ai pu constater que ces pauvres bêtes tiraient la langue en proportion de la charge.

J'arrive à Groëde, petite ville propre, où j'ai le plaisir de pouvoir causer quelques instants en

J'en ai vu quelques-uns qui traînaient jusqu'à trois personnes...

français, ce qui ne devait pas m'arriver avant le lendemain ; de Groëde, le jour commençant à tomber, je me dépêche d'arriver à Breskens, où je descends près du port, à l'*hôtel du Commerce*.

Ici, personne ne parle français ; grâce à quelques mots d'allemand — souvenir du lycée — suivis de gestes, j'obtiens cependant tout ce que je désire ; chaque plat m'était servi accompagné de : Santé, Monsieur !

Après le souper, la fille de la maison est toute heureuse de venir m'apporter un petit vocabulaire français-hollandais ; je lui fais lire en français : « Bonjour, Monsieur », qu'elle prononce très gracieusement : « Bonneioure ». A mon tour, en hollandais, je lis : « Bonjour, Mademoiselle », qui se dit : « Goeden dag, Jungjuffrouw » ; il faut croire que je m'en suis mal tiré, car je suis repris par mon jeune professeur, qui donne à ces mots leur juste valeur ; nous conversons ainsi en franco-hollandais pendant une heure, puis je gagne ma chambre.

Le lit, quoique hollandais — j'ai eu le même genre le lendemain — est bizarre : un sommier très bas, sur lequel repose un matelas épais tout juste de deux doigts ; là-dessus, posés à plat, sans être bordés, des draps et une couverture. Lorsque je suis couché dans cette couchette étroite, j'éprouve un effet singulier ; le bois de lit est plus élevé que ma tête ; aussi, sauf le couvercle, il me semble être dans une caisse, pour ne pas dire un cercueil.

18 Août. — Sitôt levé, je règle ma note, qui, pour un hôtel de petite ville, est excessive : la chambre 3 florins, et le dîner 3 florins, ce qui me faisait 12 fr. 60 !

Après un « Bonneioure, santé, Monsieur » de l'hôtelière, je quitte l'hôtel, me dirigeant vers le port, situé sur l'estuaire de l'Escaut.

Un employé des « Stoomboot » me fait payer sur les quais quelques cents en m'indiquant de me rendre à l'extrémité de l'estacade pour m'embarquer à destination de Flessingue. — Je pensais

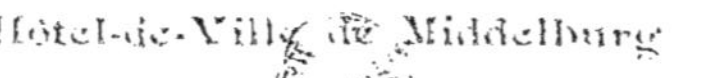

Hôtel-de-Ville de Middelburg

que ma place était payée ; mais une fois à bord, il me fallut encore verser plus de cinquante cents ; je n'ai rien compris à ce double emploi.

Pour se rendre de Breskens à Flessingue, on traverse l'Escaut occidental — Wester Schelde — appelé aussi le Hont, parce qu'un jour un chien servit à boucher un trou fait à une de ses digues.

Depuis 1871, l'Escaut ne coule plus que par ce bras, les deux autres ayant été obstrués par des barrages pour l'établissement du chemin de fer de Rozendaal à Flessingue.

Après une traversée de trois quarts d'heure, nous entrons dans le nouveau port de Flessingue et abordons au débarcadère de la gare maritime.

Une fois à terre, au milieu de ces quais couverts de marchandises, je suis, ma foi, bien embarrassé, ne voyant aucune route pour gagner la ville ; de tous les côtés il n'y a que des écluses.

Quelques matelots sont couchés au soleil ; je m'adresse à eux sans parvenir à me faire comprendre ; alors j'emploie un subterfuge infaillible : je montre une pièce d'argent, en disant le mot « hôtel » ; tout de suite, l'un d'eux vient vers moi et m'accompagne juqu'à la ville, qui se trouve bien à deux kilomètres.

Pour gagner la ville, nous suivons un chemin qui n'est pas du tout commode, surtout avec une bicyclette, car il m'a fallu franchir plusieurs passerelles d'écluses.

A l'entrée de la ville, quelques enfants s'amusent à jouer avec un orgue, lorsque m'apercevant, ils accourent au devant de moi pour contempler ma bicyclette, monture encore assez rare dans cette partie de la Hollande ; puis, questionnant mon guide, je crois comprendre qu'il leur disait que j'étais Français, car ils reviennent aussitôt vers leur orgue, qui, lorsque je le dépasse, se met à jouer la *Marseillaise*, tout comme pour le Président de la République !...

Après être passé devant la statue de l'amiral Ruyter, je vais remiser ma bicyclette à l'*hôtel du Commerce*, et ma première visite est pour le consul de France, avec lequel j'ai un long entretien ; lui parlant de mon arrivée en ville par les écluses, il me dit qu'effectivement c'est le trajet le plus court, mais le plus dangereux, et que d'habitude on prend un petit vapeur, le *Pennybootje*, qui fait le service continuel entre le nouveau port et la ville. Fort obligeamment, le consul met à ma disposition un petit clerc — comprenant le français, mais le parlant peu — pour m'accompagner dans mes courses en ville.

Flessingue, en hollandais, « Vlissingen », est la patrie du célèbre amiral Ruyter, et une des premières places fortes qui se délivrèrent de leur garnison espagnole. Flessingue qui a déjà fait perdre à Ostende le tiers du mouvement de ses passagers, n'a qu'un rêve : enlever à Anvers son monopole commercial et son rang d'entrepôt européen. De fait, cette ville a le grand avantage d'être placée à la bouche même de l'estuaire de l'Escaut; son port accessible par toutes les mers, est bien abrité et ne peut être obstrué en hiver par les glaces qui gênent souvent les bateaux remontant à Anvers.

Rien n'est impossible pour le Zélandais, la patience est le fond de son caractère ; grâce à elle, il élève des barrages pour rattacher des îles au continent où il bâtit des digues grandioses pour lutter contre la mer. — Sans prétention, il vous dira : Dieu a créé la mer et nous les côtes.

Pour la construction du chemin de fer de Flsesingue à Rozendaal, on a dû barrer complètement deux bras de l'Escaut :

1° Le Sloe qui sépare les îles Walcheren et Zuid-beveland ;

2° L'Escaut oriental ou Ooster Schelde qui se trouve entre l'île de Zuidbeveland et le continent.

Le barrage de l'Escaut oriental qui a 3 k. 600 de long, n'a coûté que 3,200,000 fl., alors que celui de Sloe, long seulement d'un kilomètre, a coûté 2,100,000 fl.; ce dernier a été beaucoup plus difficile à établir à cause de sa grande profondeur et de sa proximité de la mer qui l'exposait aux forts courants de la marée.

Ces barrages ont été formés par une couche de plates-formes en fascines sur lesquelles ont été chargées des pierres recouvertes de sables; les talus sous-marins, en pente très douce, sont revêtus de plates-formes en fascines recouvertes par des enrochements mélangés à la terre glaise; au-dessus de l'eau, les talus sont recouverts de fortes terres et d'un gazonnement.

Le barrage du Sloe commencé le 7 mars 1891, a été terminé le 30 septembre de la même année ; il a employé 553,000 mètres cubes de sable, 118,000 mètres carrés de plates-formes en fascines et 36,580 tonnes de pierre.

Pour les digues (1), elles se composent en général d'un enrochement à pierres perdues sur lequel est établi un revêtement de 50 centimères de hauteur en forte pierre, qui est défendu par une estacade. — L'estacade est formée par 11 rangs de

(1) Consulter les ouvrages :
Véron-Duverger. — *De l'organisation ou des travaux publics en Belgique et Hollande.*
Croizette Desnoyer. — *Notice sur les travaux publics en Hollande.*
Belpaire. — *De la plaine maritime de Boulogne jusqu'au Danemark.*

gros pilots ayant 20 centimètres de diamètre et 3 m. 50 de hauteur. Les pilots « paalhoofden » sont espacés d'environ 60 centimètres et ne s'élèvent qu'à 1 m. 50 au-dessus du revêtement, ces pilots réunis entre eux par des charpentes qui servent à retenir des clayonnages recouverts de pierre et de sable. En arrière de l'estacade se trouvent encore plusieurs rangs de pilots beaucoup plus espacés que pour l'estacade, mais, comme pour celle-ci, ils sont réunis par des poutres retenant des claies chargées de sable, terre glaise et quelquefois d'un gazonnement en approchant de la route de terre. Les pilots, de même que les charpentes, sont garnis de clous à forte tête qui les cuirassent complètement en protégeant le bois contre les tarets.

Les diguiers sont presque tous natifs de West-Capelle ; ils sont fiers de leur cité, et, — diguiers de naissance — ce métier, ou plutôt ce titre, car n'est pas diguier qui veut, se transmet, comme une charge, de père en fils depuis des siècles. Ces hommes sont d'une bravoure à toute épreuve ; il faut les voir, les jours de tempête, luttant contre la mer qui veut arracher leurs ouvrages de défense.

« Une digue, de l'art ouvrage audacieux »
« Brise à ses pieds le choc des flots séditieux ».

De St-Ange.

Les diguiers sont divisés en plusieurs brigades de 25 à 30 hommes ; il y a 3 genres de brigades : les charpentiers « timmerlieden », les ouvriers en clayonnage « rijsmerkers » et ceux s'occupant des pierres, du sable et gazon ; chaque brigade élit son chef « baas » et son comptable-payeur.

Accompagné du petit clerc, je vais d'abord à la

poste, en passant devant l'église « Oudekerke», bâtie en 1328. Cette église fut inondée de $1^{m}20$ le 15 janvier 1808. Près de la poste se trouve la mai son aux statues « Beeld-huis ».

Une légende se rattache à cette maison construite en 1740. N'étant pas encore complètement terminée, celui qui la fit construire se pendit, jaloux de voir qu'on préférait la maison d'un de ses parents à la sienne. Le jour des obsèques de ce malheureux, une des statues placées au faîte de l'édifice, vint se briser sur le sol et fut remplacée quelques temps après. Dix ans plus tard, frappée de la foudre, elle est de nouveau brisée ; une autre statue la remplace. En 1809, lors du bombardement de la ville par la flotte anglaise, cette malheureuse statue est une des premières victimes des boulets...

Après m'être muni des cartes de la Zélande et avoir fait provision de cigares qui sont aussi excellents que bon marché, nous gagnons l'ancien port. Par le bâtiment des pilotes hollandais et belges, nous allons à l'extrémité de l'estacade pour voir virer de nombreux bateaux de pêche.

C'est bateaux sont pourvus de filets semblables aux chaluts de nos barques normandes ; ils n'ont pas de quille, ni même de dérive comme nos clippers, aussi ont-ils à babord comme à tribord de fortes semelles en bois qui, suivant leur allure, son descendues à tour de rôle dans l'eau pour les maintenir dans leur route au plus près.

De l'estacade nous suivons la digue qui se dirige vers Westcapelle ; après avoir laissé sur notre droite quelques parcs aux huîtres, 2 kilomètres plus loin, nous arrivons à l'hôtel des bains où nous prenons un bain de mer.

Sur cette plage, comme en Belgique, comme

dans le nord de la France, on se déshabille dans une cabine, qui attelée d'un cheval, vous conduit à une dizaine de mètres en mer ; une fois votre bain pris, vous remontez dans la cabine, et, tout en vous habillant, vous êtes ramené à terre.

Nous revenons à l'hôtel où je garde mon petit guide à déjeuner, puis je vais faire mes adieux au consul de France.

Après avoir franchi les dernières maisons de Flessingue, je m'engage sur une route ravissante, perdue dans la verdure ; mon chemin est bordé d'un côté par de grandes haies, de petits arbres, de l'autre par le tram, puis plus loin par un canal plus haut que la route.

Approchant de Soubourg, je passe devant de nombreuses villas entourées de superbes jardins fleuris qui embaument l'air ; tous ces jardins, si petits soient-ils, ont leur pièce d'eau.

Quelques instants après j'arrive à Middelburg où je descends à l'*hôtel Nieuwe Dœlen* qui m'était recommandé ; après une toilette sommaire, accompagné du chasseur de l'hôtel, qui malheureusement ne parle pas français, je vais visiter la ville en détail.

Middelburg, capitale de la Zélande est située au milieu de l'île de Walcheren sur le canal de Flessingue à Veere.

L'Hôtel de Ville bâti par Charles le Téméraire, est un bel édifice gothique du XVIe siècle, sa façade se compose au rez-de-chaussée de 10 fenêtres ou portes ogivales ; le premier étage est artistement décoré d'une vingtaine de statues qui alternent avec les fenêtres. La façade de ce beau monument se termine à droite par une tourelle avec terrasse supportant une autre petite tourelle très sculptée. Tout l'édifice est surmonté d'un toit très élevé percé de 3 rangs de lucarnes, que domine une superbe tour de 55 mètres flanquée de quatre petits clochetons. A l'intérieur se trouve un musée ; désireux de le visiter, nous sonnons à l'entrée.

Un huissier en habit vient ouvrir; il ne sait pas un mot de français, mais, de suite, il me fait verser environ 1 fl., puis après m'avoir fait déposer ma signature sur un registre *ad hoc*, il me demande —een fooi—un pourboire. Accompagné de l'huissier, je parcours toutes les salles qui renferment beaucoup de tableaux flamands, des bannières d'anciennes corporations, des armes, des instruments de torture, des boiseries anciennes, puis des autographes, des missels, des plans, etc.

Quittant l'Hôtel de Ville, nous nous dirigeons vers un autre musée : la Zeeuwsch Genootschap der Wetenschappen, où l'huissier, ne parlant pas davantage français, me fit exécuter la même manœuvre qu'au musée précédent.

De suite, en entrant, se montre à nos yeux le portrait de l'amiral Ruyter, puis des objets lui ayant appartenu, voici des salles bien disposées où se trouvent réunis tous les spécimens de la faune et la flore de la Zélande. Dans l'une, je vois un vieux monsieur auquel l'huissier va dire quelques mots; il vient à ma rencontre me tendant la main, et me dit sans le moindre accent :

— Vous êtes Français, monsieur! permettez-moi de serrer la main d'un Français!

— Parisien, ajoutai-je.

Un Parisien! Paris! Ah cela me rappelle mon jeune temps; il y a 35 ans que j'ai quitté Paris! J'y suivais les cours de Chevreul au Muséum.

Le directeur, car c'était lui, fut tout heureux de me montrer en détail ses richesses; toute la flore et la faune de la Zélande défilèrent devant moi.

Dans les salles voisines se trouvent des collections de pièces romaines et de monnaies anciennes de Zélande, et la première longue-vue qui a été fabriquée.

C'est à Middelburg, qu'en 1590, Zacharias Jansen inventa les microscopes, et qu'en 1608, aidé par Hans Lippershey, il fit la grande découverte des longues-vues.

La dernière salle renfermait un groupe de quatre mannequins en cire, habillés suivant l'ancienne mode zélandaise, et qui avaient un grand cachet d'originalité.

Prenant congé de l'aimable directeur et du musée, nous nous dirigeons vers le beffroi et commençons à grimper jusqu'au premier étage qui se trouve bien à 20 mètres; là, nous trouvons le gardien auquel il faut également donner et sa signature et un pourboire; alors, accompagné par lui, nous continuons notre ascension, d'abord par des escaliers de bois qui nous conduisent à une première plate-forme, puis par plusieurs échelles successives, qui nous font arriver au sommet.

Quel panorama! il s'étend absolument à perte de vue. Avec l'Escaut et la mer comme point de repère, je cherche à m'orienter; de tous côtés, à l'horizon, je ne vois que de l'eau, j'oubliais que j'étais dans l'île de Walcheren. Plongé dans la contemplation de cet immense panorama, je suis brusquement secoué par un bruit épouvantable; c'était le bourdon, placé à un mètre de moi, qui ouvrait la marche d'un air d'opéra, toujours le même, que 24 fois par jour les habitants sont condamnés à entendre; ce carillon dura bien 4 minutes, puis gravement le bourdon sonna 5 heures.

Descendus du beffroi, nous visitons l'Abbaye « Abdij » qui renferme de belles tapisseries; nous

Intérieur hollandais

nous dirigeons ensuite vers le vieux quartier où j'admire quelques jolies maisons du XVIe siècle « Steenrots et Goudenzon » fort bien conservées.

Après le souper, je vais à la poste où je constate avec plaisir que le receveur parle français ; il m'assure que dans les principales villes de la Hollande, ses collègues parlent notre langue, ce qui est utile à noter.

La vie en Hollande est très chère, mais quelle propreté, quel décorum ! Il n'y a pas un hôtel qui se respecte, si petit soit-il, qui n'ait son chef, son maître d'hôtel et son chasseur. Le chef est vêtu comme en France ; le maître d'hôtel, les garçons sont toujours en habit ; j'en ai même vu un, qui, dans ce costume et en cravate blanche, cirait des souliers ! Les chasseurs ont la casquette russe à grande visière ; quant aux femmes de chambre, elles ont en général le costume du pays, qui, dans la province de Zélande, est tout à fait délicieux :

Bien campé sur la tête, un petit bonnet blanc, d'où émergent près du front deux grosses épingles en tire-bouchons, « krullenne-bellekens », accompagnées de pendants d'oreilles qui encadrent fort bien la physionomie souriante de toutes ces ravissantes Zélandaises. Les jours de fête, les jeunes filles placent sur leur front, de droite à gauche, une plaque d'or ciselée, « hoofdnaald » ; lorsqu'elles sont mariées, elles continuent à se servir de ces mêmes plaques, qu'elles placent de gauche à droite. Les Zélandaises ont presque toutes des corsages noirs, avec manches courtes bordées de velours, qui laissent voir leurs bras nus, ce qui a un certain cachet ; sur le buste, placé en croix, un foulard blanc ou de couleur claire. Cet affriolant costume, joint à un sourire perpétuel sur ces jolis visages, donne aux Zélandaises un petit air fripon !

Quant à la robe, elle n'a pas le cachet du reste, et dire que c'est là où les Zélandaises placent leur coquetterie ! car une femme qui se respecte doit avoir, été comme hiver, au moins sept jupons sur elle ; de là, cette taille que je trouvais si bizarre.

Zélandais et Zélandaise

Les hommes, au contraire, sont lourds et pas beaux du tout, avec leurs cheveux coupés horizontalement au-dessus des sourcils ; derrière, ils portent les cheveux longs sur la nuque, formant un peu plus bas que les oreilles un demi-cercle parfaitement horizontal ; des anneaux aux oreilles, toujours la pipe à la bouche, puis sur le chef une casquette plate avec longue visière ; dans des villages, j'en ai vu avec de petits chapeaux à haute forme moitié plus étroits au sommet qu'à la base, qui se terminaient par un bord en forme de bourrelet. Quant à leur costume, il a un certain cachet : une cravate de couleur voyante, un gilet à manches, « borstrokken », généralement violet, fermé par une vingtaine de petits boutons ronds en métal ; ensuite, une veste et culotte de velours noir fermée au moyen de deux grandes plaques rondes en argent ciselé.

Une des curiosités de la Hollande, ce sont ses moulins en forme de cône tronqué ; on ne peut rouler cinq minutes sans en rencontrer ; suivant la force du vent, ces moulins ont deux ou quatre ailes, qui mesurent jusqu'à vingt-cinq mètres de longueur ; dans une ville, lorsqu'un moulin vient à être trop abrité par les maisons voisines, on le rebâtit sur une ou deux maisons, ce qui forme un immense belvédère. Il ne faut pas croire que ces moulins servent à moudre quoi que ce soit : ils sont généralement destinés au drainage des terres, à pomper l'eau et à la refouler dans les canaux, ce qui indique que ceux-ci sont nombreux.

Les canaux coupent le pays en tous sens et servent soit comme voies de communication, en ce cas, ils sont plus élevés que les routes, soit de clôture, pour séparer les propriétés et les pâturages, qui sont la richesse du pays. Cette grande quantité d'eau a malheureusement son revers : l'humidité, qui rend la Zélande insalubre en y entretenant les fièvres.

Les maisons ont rarement plus d'un étage et sont

en briques rouge foncé, avec les joints en chaux vive ; les fenêtres sont à coulisses s'ouvrant de bas en haut, ce qui fait que, regardant par la fenêtre, on a toujours chance d'être décapité ; devant chaque maison, des balustrades blanches, sur lesquelles, le soir, les hommes s'accoudent pour fumer

Devant chaque maison des balustrades blanches

leur pipe, alors qu'assises devant, les femmes jasent entre elles.

Samedi 19 août. — Obligé, malheureusement, de rentrer le surlendemain à Paris, et, d'autre part, très désireux de visiter la capitale belge, je résolus, pour mettre ce projet à exécution, de prendre à Middelburg « le grand frère », qui, en quelques heures, devait me mettre à Bruxelles.

Pour gagner Rozendaal, le chemin de fer passe sur les barrages qui réunissent les îles entre elles et au continent; comme ces barrages sont assez étroits, on se figure absolument, en les traversant, être en bateau.

Les wagons hollandais sont très confortables, bien plus, certainement, que ceux de quelques Compagnies françaises : sur chaque compartiment, à l'extérieur, se trouve écrit : « Niet-Rooken » (ne pas fumer); ceux réservés aux fumeurs ne portent extérieurement aucune inscription; dans l'intérieur se trouvent des petits cendriers et un écriteau en quatre langues : hollandais, français, anglais, allemand : « Il est permis de fumer dans » ce compartiment, à moins qu'un voyageur ne » s'y oppose et ne puisse trouver place dans un » compartiment où il est interdit de fumer. » Les chefs de train ont une ceinture en bandoulière avec plaque indiquant leur grade; dans les gares, j'ai vu des employés galonnés jusqu'au coude; d'autres avaient autour du cou des baudriers avec plaques en cuivre.

A Rozendaal, je quitte le train qui va a Cologne et en attendant celui qui doit m'emmener, j'achète à la gare, le *Figaro* de l'avant-veille, qu'on me fait payer 40 centimes; décidément on est très exploité en Hollande.

Quelques instants après notre départ de Rozendaal, nous arrivons à la frontière belge, à Esschen où il faut recommencer les formalités de douane pour ma bicyclette; moins généreux cette fois, qu'à ma première entrée en Belgique, je l'estime 200 fr. aussi n'ai-je à verser que 20 fr. plus les 25 fr. d'amende; un peu plus tard, nous arrivons à Anvers où il me faut quitter le train hollandais pour un train belge qui devait me conduire jusqu'à Bruxelles.

Sitôt débarqué, ma première visite est pour M. B..., directeur du *Cycliste belge illustré;* en son absence, j'ai le plaisir d'être présenté à M. F. I..., rédacteur en chef de ce journal qui, très obligeamment se mit à ma disposition pour me piloter pendant les trente-six heures que je devais consacrer à Bruxelles.

Après avoir déjeuné chez mon aimable guide, nous nous dirigeons à bicyclette vers le bois de la Cambre; le chemin pour s'y rendre, qui est l'avenue Louise, avec ses petits hôtels, ses rangées d'arbres, rappelle absolument notre Cours-la-Reine. Nous faisons un tour dans le bois de la Cambre, qui a bien justement mérité d'être la promenade favorite des Bruxellois, car ce bois, ce parc très vert, de 180 hectares, est délicieux; comme notre Bois-de-Boulogne, il a des lacs, des chalets, des cafés et de plus, ce qui nous manque, de ravissantes petites vallées bien ravinées.

Quittant le bois par une avenue pavée, mon compagnon monte sur le trottoir; comme je lui en exprime ma surprise, il m'explique que les cyclistes ont le droit de rouler entre les arbres et le bord du trottoir. Quelques instants après nous arrivons au Vélodrome, but de la course internationale Paris-Bruxelles, organisée, quelques semaines plus tôt, par le journal parisien *La Bicyclette* ; de là nous gagnons la ville.

Voici le Palais de Justice situé dans la partie haute de Bruxelles ; la première pierre a été posée, le 28 février 1862, et en 1883 a eu lieu l'inauguration de cet immense monument qui occupe près de 25,000 mètres carrés ; ce palais est plus curieux par ses effets de perspective qu'il n'est artistique, l'ensemble en est lourd, beaucoup trop lourd, et que de colonnes! Considéré dans ses détails, il offre pourtant de jolies choses. La salle des Pas-Perdus, notamment, avec ses escaliers et ses galeries, d'où l'on jouit du beau panorama de la ville et de ses environs, est vraiment grandiose ; sa superficie est de 3,600 mètres carrés. Le dôme du monument, trop petit, est surmonté d'une couronne dorée, dont le sommet se trouve à 125 mètres.

Quelques coups de pédales nous conduisent devant le palais d'Arenberg qui renferme une collection de tableaux, peu nombreux, mais triés sur le volet: des Rubens, des Téniers, des Rembrandt, des Van Dyck, des Ruisdaël, etc.

En face de ce palais est la place du Grand-Sablon où se trouve, dans un square, le monument des comtes d'Egmont et de Horn. Ce square est entouré d'une belle grille, retenue par 48 colonnes qui supportent des petites statues de bronze toutes différentes, représentant des corporations du seizième siècle.

Après être passé davant le Palais-Royal, le parc et la statue du général français, Comte de Belliard, nous arrivons à la colonne du Congrès. Ce monument, inauguré en 1859, a été érigé dans le but de perpétuer le souvenir de l'assemblée constituante qui, après la révolution de 1830, vota la séparation de la Belgique d'avec les Pays-Bas et sa constitution en état indépendant.

Par une rampe assez forte nous descendons jusqu'à la cathédrale de Sainte Gudule qui se trouve à mi-côte, sur le versant qui se dirige vers la partie basse de Bruxelles. Cette cathédrale aurait été commencée au XIe siècle, puis agrandie et modifiée souvent, aussi y trouve-t-on plusieurs styles;

sa longueur est d'environ 110 mètres, sur 50 de large ; ses vitraux très nombreux, sont anciens et remarquables.

La nuit arrivant, nous gagnons la ville basse et, après avoir mis nos bicyclettes en sûreté, nous allons dîner au restaurant de la Monnaie, puis la pluie se mettant de la partie, il ne nous reste plus qu'à battre en retraite en rentrant à l'hôtel.

Dimanche 20 août. — De bonne heure, M. F. I... vient me prendre à l'hôtel et aussitôt, à bicyclette nous roulons vers Laëken qui est un faubourg de Bruxelles; nous longeons le canal de Villebrœck, alimenté par le Ruppel et suivons, sur un trottoir, un chemin « réservé aux cyclistes » (un écriteau l'indique). Bravo, messieurs les Belges !

Laëken est en fête, fête religieuse, aussi les drapeaux belges fraternisent-ils avec les couleurs papales, les oriflammes et emblèmes religieux ; la route longe le parc du Palais-Royal de Laëken, résidence d'été du roi ; nous arrivons au faîte de la montagne du Tonnerre, et nous voici au pied du monument de Léopold Ier.

Cette construction est assez haute, et par un escalier tournant, dans une tourelle à jour, on peut monter au sommet ; malheureusement la porte est fermée, et le gardien absent.

Très désireux pourtant de faire cette ascension, nous nous hissons à l'aide d'un pilier entre deux colonnes au-dessus de la porte et nous voici dans l'escalier. Nous avons été largement récompensés de notre escalade, lorsqu'arrivés au sommet nous découvrons le beau panorama de Laëken et de Bruxelles.

Nous nous rendons ensuite au bois de la Cambre qui, le dimanche matin, est le rendez-vous du

Hôtel-de-Ville de Bruxelles

tout Bruxelles-cycliste ; mon compagnon me présente à plusieurs de ses compatriotes, à un Bordelais et à un Bruxellois doublé d'un Parisien ; tous cyclistes.

Tout en causant, nous voyons défiler quantité de cyclistes, hommes et dames; l'une d'elles, bizarre ! avait des bottes à l'écuyère. Les cyclistes de Bruxelles et banlieue (le Brabant) sont soumis à un impôt de 10 francs; en retour, on leur fait des routes spéciales, et ils reçoivent une plaque émaillée sur laquelle se trouvent les armes de la province et en dessous le n° d'ordre qui leur a été attribué en faisant leur versement ; ils sont obligés de mettre cette plaque sur leur machine, à un endroit très apparent ; dans la seule province du Brabant, on compte déjà 6,000 cyclistes.

Après avoir déjeuné avec ces messieurs au café Victoria, qui touche au bois de la Cambre, nous venons à parler des députés belges, des élections françaises qui, justement ce jour-là, avaient lieu dans toute la France.

— A propos, me dit l'un de ces messieurs, je suis sûr que vous n'avez pas vu le tombeau de Boulanger.

Boulanger ! c'était vrai, il avait vécu ici, c'était à Ixelles, sur la tombe de Mme Marguerite de Bonnemain qu'il s'était tué !

Nous nous rendons à bicyclette à Ixelles et en route un agent veut me dresser contravention pour n'avoir pas de plaque apparente sur ma machine ; je lui montre le plomb de la douane et file.

Nous voici au cimetière à l'entrée duquel nous laissons nos machines ; au milieu de l'allée principale, à gauche se trouve le tombeau de celui qui fut le général Boulanger !

Le monument est très simple : A la tête, une

grosse colonne tronquée puis une pierre tombale sur laquelle est gravé :

MARGUERITE
19 DÉCEMBRE 1855
16 JUILLET 1891
A bientôt

—

GEORGES
29 AVRIL 1837
30 SEPTEMBRE 1891
Ai-je bien pu vivre
2 mois 1/2 sans toi !

Au pied du monument, un vase de Chine dans lequel baignent des fleurs tous les jours renouvelées ; autour un petit jardin de roses et de pétunias puis une grille sur laquelle sont accrochées de nombreuses couronnes.

Redescendant en ville, nous allons visiter la Grande Place, une des principales curiosités de Bruxelles. D'abord la Maison du Roi, qui malheureusement est en ce moment cachée par des échafaudages ; en face l'Hôtel de Ville et de chaque côté, les anciennes maisons des corporations.

L'Hôtel de Ville du XVe siècle est un quadrilatère irrégulier de 80 mètres de long ; la façade se compose au rez-de-chaussée d'un portique de 17 arches ogivales, supportant une plate-forme au-dessus de laquelle s'élèvent 2 étages de fenêtres rectangulaires ; le monument est surmonté d'un toit très élevé percé de 4 rangs de lucarnes. Au-dessus de la grande porte s'élève une tour de 92 mètres de haut, qui, fait bizarre, n'est pas au milieu du monument ; cette tour est carrée jusqu'au sommet des toits et polygonale dans sa partie supérieure ; du troisième étage, s'élance une flèche pyramidale, découpée comme une dentelle et surmontée d'une colossale statue girouette de Saint-Michel.

Nous rencontrons quelques pas plus loin dans un pan coupé, un socle de pierre sculpté sur lequel se trouve une petite fontaine en bronze, c'est celle du Manneken-Pis ; très drôle ce petit bonhomme — le plus ancien bourgeois de Bruxelles — qui, sans honte, fournit l'eau d'une façon toute naturelle. Certains jours de fête, Manneken-Pis revêt un costume de circonstance ; l'on conte même que ce personnage a une garde-robe bien montée depuis le costume de marquis, offert par Louis XV, l'uniforme donné, par Napoléon Ier, jusqu'à la blouse 1830 ; un fonctionnaire spécial est chargé de la conservation de ses nombreux costumes.

Nous rendant à la gare du Sud, voici la porte de Hall, le seul reste des anciennes fortifications de Bruxelles ; c'est une construction carrée de 3 étages avec tour, dans laquelle monte un escalier avec statuettes et rampe ciselée qui conduit à tous les étages où se trouvent des collections d'armes.

Nous arrivons à la gare et après avoir bu un lambic d'adieu, ces messieurs viennent m'accompagner jusqu'à mon wagon où je les assurai que j'emportais en France le souvenir de leur si franche hospitalité.

Il est 6 h. 3, le train quitte Bruxelles pour s'arrêter d'abord à Mons puis à la gare Belge de Quévy, celle-ci est la gare frontière, aussi descendant vivement de wagon mes reçus à la main, je me précipite dans le bureau de la douane afin de recouvrer mes 45 francs versés à Esschen, très calme, le préposé me répond :

— Le train ne s'arrête pas assez longtemps ici pour que seul je puisse vérifier votre reçu ; mais revenez demain, le bureau sera ouvert.

— Revenir demain ! revenir de Paris !

En voilà un aplomb ! et, en guise de consolation, le gabelou ajoute :

— Vous pouvez coucher ici ou prendre le train suivant.

— Impossible ! Il faut que je sois demain à la première heure à Paris.

Pendant ce dialogue, la minute d'arrêt avait bien marché 50 secondes ; sur le conseil du chef de train, je cours au fourgon, en retire ma bicyclette, la dépose sur le quai mouillé, car il brouillasse et après avoir fourré mes papiers dans les mains du gabelou étonné, je saute dans le premier compartiment venu.

Quelques instants après nous arrivions à la douane française, gare de Leignies.

— « Tout le monde descend pour la visite de la douane. »

Ma valise de cadre à la main, je suis le mouvement et, la visite terminée, je vais conter ma mésaventure au chef de douane. Celui-ci se montre très complaisant, il me fait écrire et signer un pouvoir au nom d'un commissionnaire en douane qui se chargera de recouvrer ce qui m'est dû.

— Tous les jours, me dit l'inspecteur des douanes, ces désagréments arrivent aux cyclistes qui reviennent de Belgique. Tranquillisez-vous, demain vous aurez votre machine et, dans trois jours l'argent.

Effectivement cela se passa ainsi, seulement ma pauvre bicyclette me revint complètement rouillée; le gabelou avait dû lui laisser passer la nuit sur le quai.

Dire que j'emportais un si bon souvenir de mon voyage et que chaque fois la douane et ses ridicules formalités ont failli tout gâter!...

3 novembre 1893.

PARIS. — IMP. L. POCHY, 21, RUE CROIX-DES-PETITS-CHAMPS.

EN VENTE A LA MÊME LIBRAIRIE

Annuaire général de la Vélocipédie, 1894, par F. Thevin et Ch. Houry.................... Relié 6

L'Art de bien monter la Bicyclette, par Baudry de Saunier, illustré................................ 3

Les Cyclistes, chanson-marche, par Viterbo....... » 3

Jolies Cyclistes, chanson-marche, par Davin de Champclos, musique de G. Serpette................ 1

Recettes utiles et Procédés vélocipédiques, par Baudry de Saunier................................ 1 5

EN PRÉPARATION :

A toutes pédales, par Davin de Champclos, illustré par les six principaux dessinateurs cyclistes.

Manuel du Cycliste débutant, par G. Davermes.

www.ingramcontent.com/pod-product-compliance
Ingram Content Group UK Ltd.
Pitfield, Milton Keynes, MK11 3LW, UK
UKHW021010180726
13838UKWH00004B/1503

9 782019 998714